观夏猫

妙笔生猫非非诗

马未都/编著
柴永生/绘

中信出版集团 | 北京

图书在版编目（CIP）数据

观复猫. 妙笔生猫非非诗 / 马未都编著；柴永生绘
. -- 北京：中信出版社，2021.1
ISBN 978-7-5217-2424-0

Ⅰ. ①观… Ⅱ. ①马… ②柴… Ⅲ. ①收藏－文化－中国－通俗读物②猫－铅笔画－作品集－中国－现代
Ⅳ. ①G894-49②J224

中国版本图书馆CIP数据核字(2020)第217479号

观复猫：妙笔生猫非非诗

编 著 者：马未都
绘　　者：柴永生
出版发行：中信出版集团股份有限公司
（北京市朝阳区惠新东街甲4号富盛大厦2座　邮编　100029）
承 印 者：鸿博昊天科技有限公司

开　　本：889mm × 1194mm　1/24　　印　　张：9.75　　字　　数：125千字
版　　次：2021年1月第1版　　印　　次：2021年1月第1次印刷
书　　号：ISBN 978-7-5217-2424-0
定　　价：59.80元

观复猫

妙笔生猫非非诗

马未都

目录

彩铅　麻条条

序

这是一本组合奇特的书。热爱铅笔画的画家小柴因喜欢观复猫，自己画了一张麻条条的画挂在网上，不经意间被我们发现，便邀请小柴继续为观复猫的其他成员作画，小柴欣然同意。在他留学期间，用了一年多的时间，他将观复猫花名册上的成员依次画了一遍，让观复猫的芳容永驻，栩栩如生。

至于“非非诗”则是另一个故事。2017年夏季我去南非参加野生救援组织（WILDAID）的公益活动，在非洲有感而发，写下一些长短句，不拘形式，当时将其戏称“非非诗”，意思是在非洲写的不是诗的诗。非洲之行，“非非诗”共写了七十余首，回到北京后一天一首发出，发完后网友仍想再看，我们只好将这一新创的形式固定下来，写文物，写观复猫。三年来，“非非诗”总阅读量逾三亿，后来又有许多读者也参与到创作中。出版这本画册，

彩铅《白马图》

将我专门为观复猫写的“非非诗”抽出来，让铅笔画与“非非诗”一一对应，这是它们的缘分，堪称绝配。

《观复猫》自诞生以来，出版物先后有几十种了，每种图书都有特点，都可以辅助了解观复猫。这是史上最有文化的一群猫，肩负着文化的重任。猫虽说是人类培育的宠物，但今天却扮演着人类心灵治愈师的角色。我说过，过去是我们拯救了猫，今天的现实是，在某种意义上，是猫在拯救我们，让我们的精神愉悦放松，让我们的生活绚丽多彩。

是为序。

马未都

庚子芒种

彩铅 麻条条

彩铅画简述

一 什么是彩铅画

彩铅画，顾名思义，就是以彩色铅笔为工具的一种绘画方式，说白了就是有色彩的素描。

提起彩铅画，人们往往会联想到儿童画和简笔画。其实，彩铅画发展到今天，早已经脱离了简笔画的范畴，不仅可以画出轻盈简洁的线条，还可以表现出富有层次的质感。而彩铅画浓烈绚烂的色彩和富有表现力的特质，很适合深入刻画、描绘细节，表现写实的绘画风格。

二　彩铅画的历史

彩铅画诞生于水彩画之后，历史并不悠久，最初一直作为绘制素描时的辅助工具。直到 20 世纪初，彩铅的制作工艺大幅度提高，又经历一个世纪的发展和改进，彩铅画才逐渐成为独立的画种，彩铅也发展成为颜色丰富（最多的有 500 种颜色）、质感细腻的绘画工具。

彩铅画是一种很容易掌握并且很便捷的绘画方式。相比于水彩画、水粉画和油画，彩铅画需要的工具更加简单，不需要像水彩画一样事先调色，只需要彩铅和画纸就可以随时随地作画了。彩铅画这种便捷的绘画方式，颇受画家、设计师和建筑师的喜爱。

三　彩铅画工具

彩铅

彩铅全称“彩色铅笔”（Colored Pencil)，又名“色铅笔”。与普通铅笔不同，彩铅的笔芯里不含石墨成分。

彩铅大体分为两种：油性彩铅和水溶性彩铅。油性彩铅是笔芯中加入了动物油脂，使得颜色更富有表现力，饱和度也比较强。

水溶性彩铅不像油性彩铅那般艳丽油亮，但叠色效果更好。不加水时跟油性彩铅的绘画方式基本一致，用蘸了清水的毛笔轻轻涂抹在彩铅画上，颜色会溶于水，色泽也会变得更清淡，便有了水彩画的效果。

以上两种彩铅在表现上各有特点，初学者可以先从水溶性彩铅入手，很适合画一些简单的静物小品作为练习。

彩铅的颜色有很多，一套从几十色到上百色不等。初学者可以选择 24 色或 48 色。

彩铅工具

本书收录的观复猫彩铅画，使用 150 色油性彩铅绘制。

画纸

彩铅画有专门的彩铅画纸，但也可以用素描纸、水彩纸和卡纸来作画。

彩铅画适合在细腻纹理的纸上进行创作，但过于光滑的纸会使颜色难以附着，也很难刻画。

本书中的彩铅画使用白色细纹水彩纸和冷灰色素描纸绘制。

其他工具

橡皮：普通橡皮、可塑橡皮和高光橡皮（电动橡皮）都会用到。由于彩铅的颜色附着力很强，所以部分细节处理需要用到高光橡皮。

高光笔：用于刻画胡须和高光。

铅笔或自动铅：用于起稿。

扇形笔刷：用于扫除画面上残留的笔屑，以避免笔屑弄脏画面。

金胖胖

金胖胖

不推就倒的老好人

马霸霸说

《非非诗·金胖胖》
十个橘猫九个胖
还有一个在路上
胖怎么啦胖怎么啦胖怎么啦
挡你们家歪夫艾[①]啦?

铲屎官说

金胖胖有过流浪的经历，在观复安定下来以后，居然没有什么流浪后遗症。他不像昏晓之前那样护食，也不像南瓜不喜欢让人碰，随便揉毛，就地呼噜，还盛产表情包，不负

① 歪夫艾 =Wi-Fi

彩铅　金胖胖

救助人的那句“特亲人”的评价。

胖胖比大部分馆员年长些，大风大浪都经历过，整个猫一副宠辱不惊淡然生活的样子。胖胖脾气好得不像话，许是中年猫叔懒得和小毛孩子们一般见识，所以几乎没见过他和别的猫闹别扭。就算是碰到容易看猫不顺眼的马都督，胖胖也能坦然和他相处。两个猫算是好基友，打打闹闹滚作一团也不真动手，两大坨玩得不亦乐乎，开罐头也是一起享用，一猫一半感情才不会散。

对于铲屎官来说，金胖胖完全就是省心典范，热情待客不伸爪子，按点回家不出乱子，剪指甲什么的更是主动配合，乖巧到让人没法不爱这个柔软的橘胖胖。

胖胖不轻易示人的绝技有三：一是十分考验柔韧性的一字马；二是让黄小仙都要感慨的无敌翻墙术；第三嘛，就是梳毛的时候自己翻面，对！不仅热爱梳毛，还会自己翻面！金胖胖同学算是很会享受的喵了，对于刷毛的力度、速度都有要求，没被梳够就会含情脉脉地看着你，背上梳爽了就自己翻身露肚皮，估计胖胖再勤快点儿，地上立个毛刷就足够了！

小柴君说

这幅画是我正式为观复猫画的第一幅肖像。在创作这幅画时，我还没有去过观复博物馆，也没有亲眼见过金胖胖本尊。但当我看到博物馆发来的素材图片时，便被照片中胖胖呆萌的表情吸引了。照片中的胖胖看起来没有实际中那么胖，我在绘制时又顺便给胖胖的脖子

画瘦了些，所以这幅算是“美颜版”的胖胖肖像画吧。

胖胖的这幅画其实难度不大,但表现出毛茸茸的毛发质感却是件很费时间和精力的事。胖胖是个橘猫，毛色黄白相间，所以在铺完底色后，要将黄色的毛发用削得锋利的彩铅一根根地刻画上去，刻画得越细致，毛发质感就越明显。因为所有毛发都要一根根刻画，所以这个过程显得有些枯燥乏味。

眼睛的刻画也是件重要的事。眼睛是心灵的窗口，一幅画是否有神，是否灵动，关键看如何处理眼睛。先用黑色彩铅涂瞳孔，再用蓝色、青色、灰色和绿色混合涂眼球，最后用高光笔刻画出眼睛的高光，这样胖胖水汪汪的眼睛就表现出来了。

蓝毛毛

蓝毛毛

生出个学术猫，气质满分

马霸霸说

《非非诗·蓝毛毛》
世界上最有学问的猫
不信你随便发问
仰天纠结思考喵生
上知天文下知地理中知诡计

铲屎官说

蓝毛毛，是观复猫中的学术派，学者出身的小姑娘，书架上身手矫健的学术馆长。蓝毛毛坚持自我，认为喵生不仅有眼前的猫粮，还有柜子里的零食和罐头。“满腹经纶”的毛毛馆长，看起来有点压秤，修饰一下辞藻可以表达为：不能承受的知识之重。

彩铅　蓝毛毛

蓝毛毛胆子小，却不是㞞包。似乎在她的认识里，给她送好吃的就不是坏人。可就算是有零食的加持，毛毛的爪子和肚子也是绝对禁区。和为了饱口腹之欲就毫无防备的喵不太一样，毛毛的底线一直在那里，倒颇有些读书人的气质。

有铲屎官觉得毛毛不让摸肚子一则是因为防备，二则是因为不好意思。毛毛的小肚子也和都督的一样快垂到地上了。虽然这是猫咪的原始特征之一，但毕竟有点显眼。再加上毛毛嘴巴馋，让不少人认为这块肚肚完全是吃出来的。整天冲着一女孩子说人家的小肚子，估计换谁也得藏着掖着让人注意不到才好呢。

毛毛是个宅女，平日里总是一副懒洋洋的样子，找好了地方小手一揣能这么安静一下午。就凭她的这份沉静，倘若喵也有问题要研究，做个学术带头喵应该不成问题。可她看着慵懒，活动起来倒也不逊色于同住的小朋友们。再加上毛毛也没什么偶像包袱，扔开矜持扮演个汪星人什么的不在话下。于是蓝毛毛已然成为一代既可高冷又能亲民的新流派偶像。

小柴君说

其实蓝毛毛的参考照片很早就给我了，照片中毛毛在昏黄的灯光中毛发被映成了棕色。由于当时我并未见过毛毛本尊，所以为了准确地刻画出毛毛的毛色，我决定把绘制毛毛的肖像画推后，等亲眼见到本尊后再进行创作。

2018 年年初我去观复博物馆时终于见到了毛毛，当时毛毛正像一团毛线球一样在窝里睡觉。离开博物馆后我便在众多毛毛的照片中选用伸舌头、张大嘴的经典照片作为素材，进行创作。但由于角度很特别，第一幅画作的效果令我很不满意，所以决定再画一幅。第二幅画，也就是我们今天在书中看到的画作，是参照了毛毛趴在书柜上的照片绘制而成，画出了毛毛满满的学术气质。

毛毛有些蓝灰色的毛发给选颜色带来了很大难度，如果画得过于灰，便失去了“蓝色”的特点，但如果把“蓝色”画得过于明显，便又与现实不符了。所以我选用灰色作为底色，再用黑色彩铅表现阴影，青色彩铅刻画毛发，白色彩铅刻画高光与胡须。这样便把毛毛膘肥体壮的特点表现了出来，又不失可爱与甜美。

小二黑

小二黑

黑猫最帅不接受反驳

马霸霸说

《非非诗·小二黑》
我希望天下的喵都是白的
只有我一个人黢黑
自由游走无法无天
谁不服气谁不服气谁不服气

铲屎官说

在中国的传统文化中，猫的感知力被认为比其他动物要强，其中玄猫最强。玄，即黑。不是所有的黑猫都被称为玄猫，玄猫是那种表面上看起来全黑，但细看黑色的皮毛隐隐泛着红色的猫。古人认为玄猫可看透生死，感知灾难，以叫声警示人们，可以通灵。

彩铅 小二黑

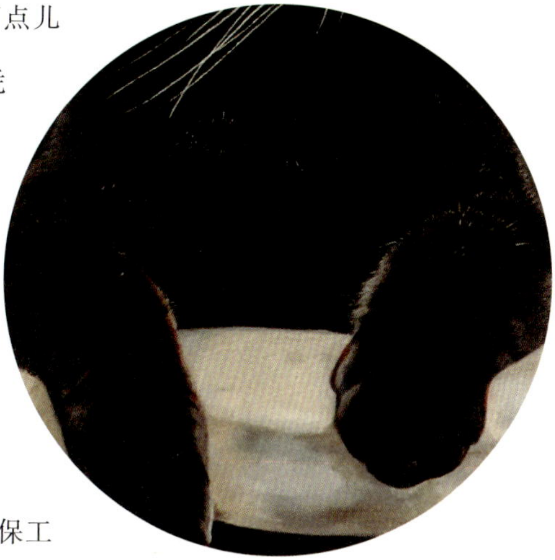

小二黑，出身高等学府的地界，可一丁点儿书卷气都没沾上，完美闪避。但是，二黑凭借超凡的武力值，以及负责的态度，迅速荣升为观复博物馆的安保副馆长。于是大家常常能看到小二黑一身黑色被毛，自带帅气，门口一趴，仿佛对谁都爱搭不理的，人家安保副馆长就帅他自己的！当然，除非马都督出现……二黑每天在门口摆好一副标准等都督来的架势，也不耽误自己的安保工作和猫豆的日常业务。

黑哥的猫设一向稳定，不用提醒，肯定不会做什么有辱“三霸威名”的事，马都督要是不来，他也能挑点别的事儿，让铲屎官脑壳疼。现在二黑和都督还是王不见王，他俩的恩怨让铲屎官认真地思考了好久猫的脑回路到底是个什么运行机制，然，无果。

小柴君说

这是我第一次尝试画黑猫。

画黑猫看似简单，实际上却很费精力和时间，尤其是费黑色彩铅笔。

为了让黑色的毛发显得匀称，我在用铅笔起好草稿后，先用黑色马克笔涂上底色，然后用黑色彩铅涂毛发。二黑的胡须则是事先用空芯自动铅在白纸上划出纹路，彩铅涂色时便会在划痕处留下白色的痕迹，最后再用高光笔修饰细节，在一身黑毛的衬托中，那几根

DERWENT

白胡须便愈发明显了。

小二黑的难画之处在于通体黑色的毛发，很容易让画面显得扁平，不够立体。为了画出富有层次感的毛发，局部用了暗红色和棕色彩铅涂底色，再用黑色彩铅深入刻画，这样黑色中隐隐透着红色，便有了毛发的质感和层次。而为了画出黑毛的反光效果，先用灰色和白色彩铅涂一层淡淡的底色，然后用黑色彩铅勾勒出几根毛发便可以了。最后在二黑的身体边缘处随手画几根长短、粗细不一的毛发，这样就可以体现出蓬松的、毛茸茸的质感了。

可爱的小二黑便跃然纸上了。

庄太极

庄太极

潇洒快乐的甜妹子

马霸霸说

《非非诗·庄太极》
长着漫漶不清阴阳脸
蹭上庄子一个姓
天天都是《逍遥游》
道家如此到家如此盗家如此

铲屎官说

庄太极，顶着一张霸气外露的脸，却藏着一颗少女甜甜的心。

三花猫是指身上有黑、橘、白三种颜色的猫咪，没有白色的称为玳瑁。清朝丁仲文给猫取名时将猫分为三等，根据不同花色对其命名，太极这样玳瑁满身的猫被称为“滚地锦”。

彩铅　庄太极

本来是在谱名猫端庄可人，可太极非不走寻常路，看似胖乎乎的小短腿，实际嗖嗖地快，一言不合就“起飞”！

自从进入冬季，各位小长毛们就打开了静电模式，一上手就是噼里啪啦的小火花，猫和人都吓一跳。花坛里的花是休眠了，可是对猫来说却成了天然跑道，长毛的太极可精神了，往往滚了一身枯树枝、小木棍，还在院子里屁颠屁颠地接待客人呢。太极是铲屎官的重点梳毛对象，根本没有固定造型，因为柔顺不过三分钟。风一样的喵妹子，发型全靠大风吹呀吹。

好在太极宝宝早就把偶像包袱扔掉了，一直都怎么舒服怎么来。马霸霸说的没毛病，太极最潇洒了。小二黑这等谁都看不上的主，竟然爱上了庄太极，然后一甩手，又一副风流侠客的做派。大家都给太极鸣不平，黑将军也快变成“渣男”了，可是太极还是每天开开心心地满地打滚，不负“滚地锦”的盛名。

像风一样的猫妹子，喜欢！

小柴君说

观复猫系列彩铅画中的参考素材一般都是“观复猫经纪人”选好发给我的，而庄太极这幅画的素材照则是我自己选的。照片中太极的毛发在风中飞舞飘逸，气韵十足，再配上阴阳分明的正脸，颇有老庄之道的逍遥与灵动。

这么美的瞬间，一定要画下来。

在画观复猫系列彩铅画时，我选用了细纹水彩纸，而没有选用几乎没有纹路的纸。细纹水彩纸上会有细微的纹路，在绘制庄太极的毛发时，只需轻轻涂几层，便会有一些极为细小的白点残留在画面中，达到了一种若隐若现的感觉。

马都督

马都督

资方大儿子闪亮登场

马霸霸说

《非非诗·马都督》
一双丹凤三角眼
头上顶着红二代
我混是因为我有马霸霸
我就是混我就是混我就是混

铲屎官说

观复猫马都督，资方大儿子，以跟马霸霸长得迷之相似著称，也因此巩固了自己“亲生”的嫡系地位。都督一直和戴南瓜、小二黑位列“观复三雄”，却是三位里面最不能打的一个。之前的交战有胜有负，反正即便丢了几个指甲，也没能阻拦我们督的好胜心。

彩铅 马都督

马都督目视前方的时候是个十足的正经脸，随手拍出来全是证件照那种，多少透着点儿老干部的正派。可铲屎官充分地认识到，正派只是假象，蔫坏才是大儿子的真性情。都督的“臊眉耷眼”一般跟心情好坏关系不大。天生的眼型加眼线弧度，让都督就算打架赢了都是这样的丧气样子。严肃脸就是会在卖萌这个领域吃点儿亏，可也不是完全没好处，总有不明真相的客人看在都督“不太高兴”的份儿上对他关爱有加。

“肉大身沉”是马霸霸给都督的评语，于是虎背熊腰O形腿的都督每天早上的固定行程就是巡场，在院子里走一走看一看。自从都督荣膺“资方大儿子”，铲屎官就越看他越像马霸霸，真传神！随便上个节目，接受一下万众瞩目，回家该吃吃该喝喝，表情是看谁都不顺眼，心里是干啥都舒服，这就是马都督！

小柴君说

作为“资方大儿子”，马都督的肖像自然要先画，并且一共画了两幅（另一幅是《马都督礼佛图》）。

都督的眼睛和神态特别像马霸霸，便随了马霸霸的姓氏，成为观复猫大家庭中“背景”最深厚的喵星人。都督的“三角眼”和“红鼻头”也显得憨态可掬，惹人喜爱。

第一幅是都督的半身像，记得2018年年初我拿着画好的作品来到观复博物馆时，马未都先生把这幅画拿在手中，不禁脱口而出：“对！都督就长这德行！就长这德行！”可

PRISMACOLOR

见马霸霸对都督的喜爱。

第二幅画描绘了都督在一尊佛造像下抬头凝望，显得灵气十足。

很多人分不清马都督和麻条条，作为观复猫的画师，我觉得区分二者还是很容易的。首先是眼睛形状的差异，都督是三角眼，而条条是丹凤眼；都督瞳孔颜色为黄色，而条条的瞳孔偏绿色。还有就是二者的身材不同，毛发条纹也不同，我们亦可通过花纹的图案加以区分。

戴南瓜

戴南瓜

可咸可甜的大王

马霸霸说

《非非诗·戴南瓜》
没见过瓜尔佳·鳌拜吧
专横跋扈大权独揽惨死狱中
我不是他我就是我
全名戴南瓜尔佳·鳌拜

铲屎官说

戴南瓜，观复博物馆纪检副馆长，三雄之一，身着南瓜色裘皮大衣的王者，成功男人的典范。南瓜属于观复猫里特有气场的那拨儿猫，橘色的被毛，雪白的大围脖，长长的尾巴，壮硕的身材，坚毅的眼神，高居屋顶俯视一切，谁见了都得说是有故事的猫。

彩铅 戴南瓜

故事大概得从三雄争霸的日子说起。观复三雄：马都督、小二黑、戴南瓜，三只个头靠前脾气也靠前的猫，一言不合就伸爪子，能动手的事绝对不吵吵。要说这三只猫能和平相处也就怪了，马都督是妥妥的贵公子富二代，小二黑是历经江湖险恶的社会哥，戴南瓜则是靠外形和努力打拼出来的事业男。成功男人在一块就喜欢暗中较劲，一点小事儿都能互相瞅着不顺眼。

故事的转机是戴南瓜最先看透了猫生，华丽转型为一只佛系萌猫。瓜瓜的改变是一点一滴的，但是每当看到一个主动营业的瓜时，还是忍不住脱口而出：瓜瓜现在真好欸！可能是当年架打得太多且狠，画风突变小可爱，大家严重不适应。现在的瓜，萌、帅、严肃、耍宝自由切换，萌到人心里。

小柴君说

由于戴南瓜刚来的时候打出了一片天地，与马都督、小二黑并称赫赫有名的“观复三雄”，并被马霸霸在《非非诗》里封为“戴南瓜尔佳·鳌拜”，所以南瓜的肖像自然要表现出威风凛凛、霸气十足的特点。

画中的南瓜望向前方，目光炯炯。两只小爪子的画法是先用乳白色彩铅涂底色，再用灰色彩铅刻画细节，这样便能把小爪子脏兮兮、毛茸茸的质感表现出来了。

李对称

李对称

古典美的美女喵

马霸霸说

《非非诗·李对称》

对称是古典美学的第一原则

白手套一副白袜子一双

胸前的白三角算是白瞎了

背过身去竟然是个黑猫

铲屎官说

马霸霸说："对称是中国古典美学第一标准。"

重要的语录请读三遍，然后用心体会这位长毛飘飘猫豆的名字：李对称。

第一次听到李对称名字的人，会马上带着疑问的口吻跟一声：啊？？然后铲屎官就会

彩铅　李对称

拿出马霸霸名言强行科普！！

中国文化含蓄内敛。毛色完全对称并且拥有高端大气名字的李对称，作为天团猫豆每天不争不抢，接待客人也是彬彬有礼。长毛猫很多，但只有对称的气质像一位有着披肩长发、身姿挺拔的美女，知性美是你的菜吗？

在铲屎官眼中，对称宝宝简直是太乖了，每天安安静静。神清气爽的时候，就跑出门去当一会儿黑猫警长，陪保安叔叔站站岗，蹿到猫别墅顶上放放哨。心情不算明媚的时候，就缩在窝里打着滚睡，把自己埋在一堆玩具里找找自己的小确幸。总之，李对称这只小猫咪任性而为，骄傲地扬着下巴颏儿感受着她自己的世界，懒得担心所谓的将来，只专注于已经拥有的现在。在焦虑的时代，大概这就是铲屎官对喵星人近乎无理由宠爱的原因吧。

小柴君说

马霸霸有言：“对称，是中国古典美学的第一标准。”李对称便是这一古典美学概念的最佳体现。

PRISMACOLOR

画古典美人李对称，第一稿我其实选择了对称伸舌头的素材，但后来觉得伸舌照不够“对称”，便换了一张“对称”的标准照。

对称的大部分毛发是黑色的，为了让这位古典美人的画像看起来更加灵动迷人，我选用了青色和灰色作为底色，再用黑色彩铅刻画出毛发的质感与纹理，便大功告成了。

王情圣

王情圣

一路逆袭的喵生

马霸霸说

《非非诗·王情圣》
大鼻子情圣我可真是姓王
却不是你们家隔壁老王
就是老王也没什么了不起的
我特欢喜和妞套磁表达表达

铲屎官说

第一次见到情圣，就被他无与伦比的相貌深深折服，是从《猫谱》中走出来的“衔蝉”。天呐！上帝学国画的时候画了一只泼墨猫，于是就有了王情圣，一定是这样的！

情圣还不叫情圣的时候，就巴掌大的一个猫。因为长相奇怪还患有鼻支，迟迟没有找

彩铅 王情圣

到领养。机缘巧合下，这个小家伙就来到了观复博物馆，有了王情圣这个大名。情圣的鼻支一天天好起来，奶牛猫的天性也就随之解放了出来：一根逗猫棒就能嗨到起飞，话多到可以跟铲屎官顶嘴，扑蝶、扑蝉、扑蚊子……画面太多，总之很多场景一溜烟儿就过去了，留下一个表情莫名其妙的铲屎官。

情圣之所以叫情圣，还在于他真的会“撩”。最初级撩你的方式，是每叫必应。观复的铲屎官表示，在刚刚来博物馆和猫还不熟的情况下，只有情圣理她。情圣更喜欢撩猫，尤其是美喵，爱美之心喵皆有之，怎样啊？

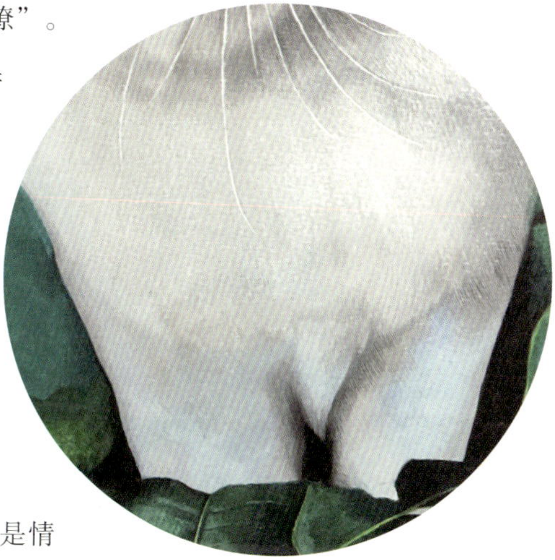

观复猫里颜值在线的不在少数，以脾性著称的亦是多见。王情圣决定另辟蹊径，同时立下一个坚定的信念：我要当馆长！于是情圣很快掌握了话痨、黏人、镜头感强等技能，黏马霸霸，黏铲屎官，凭借他好动的个性、十足的镜头感，还有标志性的大鼻子，越来越多的粉丝开始接受他“丑萌”的设定。美丑只是第一次见面时一瞬间的感受，时间长了，你就会忽略长相而关注性格，不论是对猫还是对人。最后，王情圣真的当上了宣传副馆长，拥有了逆袭的喵生。

小柴君说

情圣是只大体为白色毛发的猫，由于在白纸上画白猫很容易显得过于平面，所以为了

增强立体感，让白色的毛发与白色的背景区分开，我便简单地涂了一部分背景，来烘托出情圣。

情圣真是个不折不扣的戏精，我每次去观复博物馆时，情圣总会跑到我身边跟我“聊天”。记得2019年年初，我在观复博物馆一层的阳光大厅修改杜拉拉的画像，情圣突然一跃跳到了桌子上，跟我对视。

也许情圣在好奇，为何我在画拉拉而不是在画他呢？

布能豹

布能豹

我是真的不能抱

马霸霸说

《非非诗·布能豹》
布能豹就是不能抱
其他怎么着都可以
不走套路不按常规出牌
你们能把我怎么着

铲屎官说

因为布能豹，观复博物馆小院里多了一点类似非洲大草原的狂野气息。“布能豹”这个名字算是他自己起的吧，就是给大家提个醒，此君“不能抱”，因为一抱他就会变野兽，嗷嗷嚎，超凶！所以，为了大家的安全，还是叫“布能豹”更有提示作用。

彩铅　布能豹

豹豹的每张照片都美，难以想象他是个被遗弃的流浪猫。来的时候耳朵上的毛参差不齐，应该是在流浪时被某种虫咬伤了，带着长长的尖利的指甲，不让碰，罐罐出马的时候猫主任还能偷着剪两个。来到博物馆以后，豹豹和铲屎官们逐渐建立了信任，走出隔间、公馆，走进铲屎官办公室，走下二楼，算是适应得很快，现在豹豹已经可以在院子里接待客人了。

帅豹豹也不是总帅，一不注意就暴露独家绝技——“斗鸡眼”。铲屎官一直调侃布能豹的颜值是用智商换的，有时会犯傻到令人啼笑皆非。不过好在豹豹是人气颇高的小鲜肉，就算有黑历史，也毫不影响颜粉舔屏的热情。豹豹还特别招客人喜欢，就算不主动待客，都会有客人排队求撸豹的场面出现。豹豹好动，积极响应阳光体育运动，也不怪人家身材保持得好，盘靓条顺的健美身材让隔壁孟大咖都羡慕哭了。

小柴君说

布能豹，即为“不能抱”，我去过五次观复博物馆，都未能接近布能豹，只见他飞檐走壁的身影。

布能豹的颜值绝对在线，像豹子一样的外貌，很适合入画，所以画这幅画的难度系数并不大。

DERWENT
PRISMACOLOR
PREMIER®
WHITE
BLANC
PC938

先用铅笔起稿，再用黑色马克笔涂花纹的底色，然后用黑色彩铅深入刻画，最后用几种黄色彩铅绘制毛发和过渡色，便大功告成了。

记得观复博物馆举办《依样画猫儿——观复猫彩铅画展》时，布能豹还跑到二楼的展厅参观过。不知道布能豹看到自己的彩铅肖像时心里在想什么？对这幅画是否满意呢？

麻条条

麻条条

每天都是只努力的小猫咪

马霸霸说

《非非诗·麻条条》
请认眞看我的眼神
我不高兴我不高兴我不高兴
我最著名的是纵身一跃
历史从此拉开崭新的一幕

铲屎官说

麻条条掉缸的黑料承包了马霸霸好多年的笑点，铲屎官都见过马霸霸多次神采飞扬地给别人讲这段历史，怪不得条条外号叫“麻不高兴”呢。条条别哭，霸霸对你是真爱，开得起玩笑的才是好宝宝。

彩铅　麻条条

从此，缸红了，路过缸的麻条条㞞了。估计就是在这事儿之后，麻条条走上了总裁的路。总裁粉丝的技能点是被美貌点燃的，听说小柴君画的第一只观复猫，就是麻条条！

猫缘和人缘是两回事儿，虽然生活在食物链最底端，可是人家是吃小灶的。虽然麻条条早已是一位名声在外的“不爽”馆长，但运营大权妥妥地握在爪里，铲屎官还有休息日，咱们猫豆可是全年无休，吃喝都在岗位上，卖票卖到睡着了，铲屎官都不能想象有钱喵的心态了。

作为客人进馆后接触到的第一位猫馆长，麻条条无疑是天团的门面了，院子里面那些纷纷扰扰随他们去吧。所谓江湖，麻条条混过了，知道了，都是些背后的故事了，玩剩下的，远离江湖也许是大智慧。想当年麻条条也是猫小气势足，和猫接触从来都是输猫不输阵。不信你看，博物馆的尊严都写在麻馆长脸上了！

小柴君说

这幅画是我为麻条条画的第二幅画像，也是正式为条条画的肖像画。

这幅画选取了条条微微仰头的姿势，一副傲娇的总裁气质。生活中的条条也确实很高冷，本人最偏爱条条（所以为条条画了三幅画），但每次去观复博物馆，条条总是从我面前冷冷地走过。

通过这幅画可以简单介绍一下毛发的表现方式。刻画出逼真的毛发质感其实并不难，但是十分费力。由于我选用了带有细微纹路的纸进行创作，彩铅涂在上面容易留下细微的白色空隙，所以刻画毛发时想要将画面涂得匀称便有些困难了。

对于条条身上细密繁多的白色毛发，我一般是先用空芯自动铅笔在纸上轻轻划出一根

根毛发的痕迹，再用彩铅涂色，有划痕的地方便自动空出白色的毛发。然后用高光笔和白色彩铅修饰细节，使毛发的层次变得愈加丰富生动。这种方法不仅可以用来画身上细碎的白毛，也可用来刻画胡须。

而对于条条身上的条纹，用黑色和棕色彩铅涂在条纹处即可。要注意黑色条纹与灰色毛发之间的颜色过渡，画得太用力便会使整个画面变得死气沉沉。

总之，画毛发是一件很磨炼心境的事，要有耐心，够细致，过于急躁往往画不出好看的毛发来。

苏格格

苏格格

养在深闺的文艺女青年

马霸霸说

《非非诗·苏格格》
格格可不是哥哥
大家闺秀不一样的风采
大门不出二门不迈
后门放了棵大白菜

铲屎官说

苏格格和马都督本是一家子的喵，照顾他们的老奶奶由于年纪大了，不能再照顾他们，所以被博物馆收养。这两位，一个是温柔安静的文艺女青年，一个是膘肥体壮的纨绔子弟，不说谁知道是一家子？

彩铅　苏格格

苏格格不出戏，不争资源，猫生乐事不过思考一下天地玄黄宇宙洪荒。大大的绿眼睛眨巴眨巴，总觉得她的眼神里别有深意，一般来讲画风都是静如处子的，怎么看怎么端庄稳重，像个大家闺秀，就算玩起逗猫棒来，也是十足可爱的萌萌哒小猫咪！只不过文静的苏格格有时候睡姿格外奔放。是诗和远方想得太多，累！造就了格格奇诡的睡姿，一点儿都不矜持，忘了什么大家闺秀，谁还没放纵的时候啊！

格格身为苏格兰折耳猫，自身携带了骨骼病的基因，尽管到现在还没有发病的征兆，但也惹得不少铲屎官们牵挂着。在这里格格还是要跟大家科普一下：随着科学的进步，研究已发现折耳基因与致病基因是同一基因，折耳猫的骨骼病是无法避免的遗传病，所有的折耳猫都会患某种程度的骨骼病，患病后它们的一生都会遭受痛苦。如果你已经饲养了折耳猫，请带它及时进行检查。而你若是正好想养猫，可以选择“用领养替代购买，让生命不再流浪”，不要购买这个品种。

小柴君说

苏格格是一个温婉的小淑女，一双如同绿宝石般的大眼睛格外美丽动人。

眼睛其实并不难画，但眼睛画得好与坏则决定了一幅画作的成败，把眼睛画出神韵，一幅画也便有了灵魂。

以苏格格为例，简单介绍下眼睛的画法吧。

先用铅笔画好轮廓，再用马克笔将瞳孔处涂黑，再用黑色彩铅涂一层加强颜色的深度，然后用黄色彩铅轻轻铺一层作为底色，再用绿色彩铅涂满眼球，再用黑色彩铅和褐色彩铅修饰细节，最后用高光笔涂上高光。

一双炯炯有神的大眼睛便画好了。

令狐花

令狐花

妈妈是女侠，你也不许㞞！

马霸霸说

《非非诗·令狐花》
丁香花开妈妈去哪啦
哥哥去哪啦姐姐去哪啦
我妈可是个江湖女侠
你们都不在话下

铲屎官说

令狐花，别名“小花花”，偶尔被铲屎官们叫作“小发发”，算是从小就受到博物馆文化熏陶的根红苗正，外加妈妈是女侠令狐瞳，她应该是个正能量花才对。然而，小丫头一直住在猫公馆，跟着奶爸王情圣学为喵处世，多少沾了点奶牛猫的性子，免不了在办公

彩铅　令狐花

室里四爪打滑，犯个蠢，卖个萌。

虽说令狐花还是个没长大的小姑娘，没有妈妈令狐瞳那般端庄稳重也可以理解，但铲屎官掐指一算，一个和公猫长大的假小子，带着女侠的基因，要啥稳重，要啥矜持，要啥小公主的仪态？除了自己开发的皮法以外，小花花还跟其他猫练了一些技能，集各家之长，铲屎官有点儿控制不了这朵花了。要知道，人家可是有个大大的梦想呢：要变得越来越帅气，为不再是食物链底端猫而努力奋斗！

令狐花是个小吃货，而且鼻子灵光得很。新开的猫粮，刚盛好的罐头，令狐花不用铲屎官招呼就自己来报到了。对于好吃的，她是相当执着。在等饭这点上，小花充分吸收了云朵朵的目不转睛之术和王情圣的话痨大法，再加上麻条条“罐头在哪我在哪”的跟随技能，就问哪个铲屎官能躲得开？！

小柴君说

作为一代女侠令狐瞳的女儿，从小生长在博物馆里的令狐花自然是根红苗正，一身正气，肖像画也表现出了令狐花“小女侠”的一面，黄中带绿的眼睛格外动人。

虽然令狐花的中间是白毛，但不可以简单地留白，而是用灰色与淡棕色的彩铅进行刻画，再用白色彩铅深入刻画细节。

云朵朵

云朵朵

人见人爱，花见花开

马霸霸说

《非非诗·云朵朵》

朵公主就是公主的范儿

醉卧花丛并没有喝酒

哪天我高兴出来走走

你们千万别理我啊我是朵朵

铲屎官说

云朵朵的名字起得好，不过看这毛色难道是一朵乌云？后来有了另一个神解释："朵朵 = 躲躲"。人见人爱的云朵朵可没有大家想得那么喜欢两脚怪，反正四脚离地的时候会吓坏。要见朵朵看缘分吧，铲屎官有时候都不知道她在哪儿。连马霸霸都知道，朵朵小公

彩铅　云朵朵

主集万千宠爱于一身，但是太热情会吓坏她。公主只可远观不可亵玩焉。

在粉丝们眼里，云朵朵就是个乖乖美美的小猫咪，软软萌萌小公主。她不爱在院子里接见来宾是因为娇羞，有被迫害妄想症是因为身价太高……就连她觊觎铲屎官的小金鱼都会被粉丝夸赞“出爪”的动作秀气。总之围绕朵公主的，往往是大家真情实感的彩虹屁……

时间长了，也未免让“云朵朵”三个字太不食人间烟火。其实小公主在办公室监工的时候可没少捣捣小乱，铲屎官办公桌上的任何东西都可以引发朵朵的好奇，吃的、用的、干活的全都要研究一下。捣乱的朵朵十足一个叛逆少女的架势，越不让做什么越要试试看。神奇的是，朵朵干这些事的时候绝对明白这样做是不对的，被抓包的时候表情是一副“我错了，下次还敢”的样子。行吧，谁让你可爱呢，偶尔调皮捣蛋，反而让整个猫的形象更加丰富立体了！

小柴君说

朵朵公主是观复猫的颜值担当，画人物肖像时人们往往会说“越是长得漂亮的人越难画”，不仅画人是这样，画猫亦是如此。

给朵朵画第一幅画像时我并未亲眼见过朵朵，只能凭借着照片进行绘制，而照片中的朵朵显得很严肃，面色冷峻，甚至有些凶猛。所以当我画完朵朵的肖像时，博物馆的小伙伴们都觉得这幅画过于严肃，不符合朵朵小公主的傲娇气质，于是我决定先暂停朵朵的画像工作，等待寒假回国时专程去博物馆实地看一看。

2018年年初的一个午后，我第一次来到观复博物馆，在工作人员的带领下，我几乎走遍了博物馆的所有区域，把躲在各个角落的观复猫都仔细观察了一遍。

那次是我第一次见到云朵朵，在二楼的办公区，朵朵慵懒地躺在办公桌上，一双水灵灵的大眼睛一眨一眨地看着我，神情十分高冷，公主范儿十足。

也许，朵朵当时是在生气，怪我为何不把她画得美丽动人呢？

在细致地观察过朵朵后，我决定选取朵朵趴着的姿态入画，这样安静的画面既可以体现出朵朵的公主范儿，又不会显得朵朵过于高冷。

黄小仙

黄小仙

这位仙子，你是从天上掉下来的吗

马霸霸说

《非非诗·黄小仙》
黄大仙有个亲戚叫黄小仙
前世今生来世也都能算
来欧来欧来欧来欧～～
听懂了没有没听懂就算了

铲屎官说

黄小仙和金胖胖之间可能只差一点白色了。作为橘猫中仅有的三个姑娘中的一个，小仙没有辜负这半身橘，虽说世事难料，不过大“橘”已定。马霸霸当年看上的就是小仙的机灵古怪，在文章里也说了“猫和人一样都有命理”，这算应验了？橘喵的宿命？要不叫

彩铅　黄小仙

黄胖仙好了……这位仙子，还是多给自己的身材卜一卦吧。

也许是从被马霸霸捡到开始，小仙就走上了猫豆的发展道路，姿势到位，表情有戏，俨然一副超模的架势。如果说动态的影像是戏精王情圣的天下，那么静态硬照妥妥是小仙称霸。

黄小仙算得上是带橘猫里的一股清流，虽说肚子没逃过十橘九胖的悲催命运，但是小尖脸依然可以引以为傲。以前拿着小时候的写真出来骗人还是可以的，现在和以前比称得上珠圆玉润，一度背影超越金胖胖，偶尔还能角色扮演一下柯基什么的，短腿加电臀！反正，官方解释就是角度问题。这里要郑重提醒各位铲屎官：岁月不饶喵，千万记得橘猫拍照要趁早！

小柴君说

这张画选了小仙尚未发福的照片作为素材，我 2018 年去博物馆时，看到了成年版发福的小仙，真是印证了一句话：给橘猫拍照（画画）要趁早。

参考照片中由于相机聚焦在小仙的面部，所以整个身体是虚化的，绘制画像时我便不能完全按照照片来，而是加强了身体毛发的质感，尤其是加深刻画了小仙的花纹，使整体更加协调。

花茉茉

花荣荣

当个不帅的土猫好难

马霸霸说

《非非诗·花荣荣》
独处高处无所惧
两眉入鬓细腰宽膀似猿形
我是小李广花荣
喝口水行不行行不行啊

铲屎官说

花荣荣，即便皮毛大氅穿着，马霸霸宠着，身形矫健，颜值在线，也只是一只普通的“中华田园·狸花猫”。几乎每隔几天就有人打听花荣荣的品种：“那个长毛、很大只的是什么品种？”“土猫！”“这么好看？……我以为是品种猫呢。”猫这种动物本来就好看，

彩铅 花荣荣

哪有这么多理由。不习惯？多看看观复猫就好了。

荣荣一家子都好看，哥哥花飞飞和其他亲戚，每一位都很大只。狸花嘛，一个不小心就超过胖橘，谁说的准呢。但是人家荣荣脸小，证件照都是帅哥，那就是本帅无疑了。上蹿下跳是喵生技能，可像花荣荣这样体重峰值轻功卓越的就不多见啦，比如马都督，你让他跳个窗台，比画好几下，结果走了。

花荣荣从小就和哥哥花飞飞一起来到观复博物馆，哥俩儿感情特别好，经常同吃同睡形影不离。这哥俩儿是铲屎官看着长大的，悉心照顾，从捧在手心里到能抱在怀里，养成了他们特别亲人的好性格。现在荣荣已经长成了大帅哥，铲屎官们只想一头埋进荣荣的蓬松长毛里，一次吸猫吸个够！

荣荣的名字起得好，他就是小李广花荣的做派，功夫天下无敌还长得唇红齿白。你说你是来迷死谁的？

小柴君说

看到花荣荣照片的那一刻，便有一种小狮子的即视感，而且是中国传统舞狮里的那种狮子，威风凛凛，霸气十足。

毕竟花荣荣的名字来自小李广花荣，画像也自然要表现出英姿飒爽的气质。这幅画的难点在于荣荣脖子处飘逸的毛发，要刻画得细腻温和，才能使毛发整体上看起来不杂乱。

苏二花

苏二花

运气好怪我喽

马霸霸说

《非非诗·苏二花》
弱小有病先天不足
能活下来已经太不容易了
要知命是命运是运
福祸相倚孰知其极

铲屎官说

一出生就患病流浪可能是命，但遇到马霸霸，就是运气了。

一转眼，苏二花已经在观复博物馆生活了几年。当年被救助回来放在竹篮子里的小毛球，现在居然有个昵称叫“霸王花”，原因是她虽然个头小，但攻击力还挺强，寻常猫不

彩铅　苏二花

是她的对手。二花是个皮实姑娘，一个小本本写不下二花之皮。今天上房揭瓦，明天主动撩架，偶尔琢磨着破坏公物。不过都不是什么大毛病，既不影响天团成员的团结，也不干扰猫豆各自的安宁，所以铲屎官能咋办，惯着呗。毕竟从二花降生的时候，众铲屎官面对这个天生体弱的小家伙，只有一个最简单的心愿：希望她能平安长大。

苏二花由于患有漏斗胸（骨骼畸形的先天性疾病），导致心肺功能较弱，接受手术可能会在麻醉之后无法苏醒，所以一直没有做绝育，因此她是天团中最“真性情”的宝宝了。在荷尔蒙的鼓动下，苏二花同学的猫生属于四季如春，就没有我们二花不敢调戏的猫。

二花的身材一直保持得不错，让不少带橘的天团猫豆自惭形秽。开饭的时候她超积极，冲在第一线，挤在最前排，就这样还干吃不怎么胖，简直羡煞旁猫。铲屎官不用特意找角度，就能拍到有身段有线条的苏二花小朋友。

小柴君说

二花是一只很可爱的猫，虽生来就患有疾病，但能遇到马霸霸并进入观复猫这个大家庭，是她的幸运。

在画肖像之前，我看过二花孩童时代趴在篮子里的可爱模样，但肖像画还是要画成年的。最后选择了二花扭头时的瞬间，展现出了二花的飒爽英姿。

郑小墨

郑小墨

黑猫真的很难画吗

马霸霸说

《非非诗·郑小墨》
近朱者赤近墨者黑
有一根杂毛你打我
还是我打你
我的心情本来挺好的

铲屎官说

郑小墨是观复猫里存在感比较低的一个，黑色短毛，与白色长毛的和小幺是一奶同胞的兄弟。小墨因为一身黑，经常被错认成小二黑。与小幺高辨识度的盛世美颜相比，小墨略显悲催，总是生活在小二黑的盛名之下。

彩铅　郑小墨

说起来也有趣，小墨和小幺明明是一窝的毛孩子，不仅颜色一黑一白，毛发一短一长，就连性格也能一动一静，这是“㞞”也要㞞得不一样啊！小墨的性格分人前人后。人前是个小㞞包，根本不敢出门，外景都是铲屎官求着拖着他出门拍的。人后却是个多动症儿童，和他兄弟和小幺一点儿也不像。小墨的运动神经异常发达，弹跳力异于常猫。别墅后花园的围栏，小仙是靠爬墙出去的，而小墨则是在桌子上原地起跳就能跃身到墙头。许是得益于运动量足够大，小墨并没有体重方面的困扰。

日子一天天过去，小墨对熟悉的铲屎官亲得不行，留给你一身猫毛只是基本礼节，拿脸颊蹭手什么的根本停不下来。倘若你对这样的热情不反感，就有机会体验小墨黏人的最高待遇——顺着你的腿或者胳膊扑到你身上，前爪踩着你的锁骨，来一个贴面礼。

铲屎官们十分怀疑小墨这小动作是和猫办一霸宋球球学的，把铲屎官当“人肉抓板”吗？才不会呢，小墨对铲屎官一直都很温柔，求亲亲抱抱举高高都是发自内心的，和球球争宠都知道排队，妥妥的小乖猫。

最后还是要老生常谈地介绍一下郑小墨和小二黑的区别：小墨比二黑瘦一圈，下巴更尖些。如果说二黑是自带杀伐决断气场，那小墨在大部分时候就是温婉淑良小嗲精（偶尔还是会凶）。小墨是亲人㞞，不喜欢出门，所以粉丝在院子里如果见到神态镇定来回溜达的黑猫，肯定是小二黑。

小柴君说

之前画了小二黑，那郑小墨的画像也不能落下。

因为都是黑猫，生活中大家往往分不清二黑和小墨。为了让大家容易区分他们，我在

画法上也采取了不同的方式。

二黑的画像底色用了黑色马克笔，并辅以暗红色和褐色做底色。而小墨的这张画为了表现在阳光中发亮的黑毛，用深蓝色和青色彩铅铺底色，再用黑色彩铅深入刻画毛发。这样小墨的画像便是黑中透蓝，二黑的画像则是黑中透红。

此外，两幅画像的角度也不同，二黑的角度有一些倾斜，而小墨的选取了正脸照。这样，便很容易区分了。

孟大咖

孟大咖

这位大咖上位太快

马霸霸说

《非非诗 · 孟大咖》
这眼神这肤色这姿态
大咖一定不是白当的
据说还分 ABC 咖和怪咖
我不管那些也不听那套

铲屎官说

孟大咖上位的速度真是破纪录。大咖有都督的长相，二黑的毛色，老干部的颜值，小鲜肉的年纪，有背景有家世，亲和力爆表，偶尔蠢萌，这你还想说什么？最重要的是，大咖是个愿意走上台前的孩子，当猫豆正好。一说“大轰趴”开吃，大咖马上颠儿颠儿地跑

彩铅　孟大咖

到饭碗前找个好位置，背影扭啊扭的，小屁股超诱人，整个猫就是一个大写的“开饭啦”！

大咖这孩子有两个优点：一个是特别胖，一个是特别乖。总结起来就是：有能力稳坐观复猫体重榜首位，却不惹事的好少年。大咖是“吃可爱长大”的娃，不然也不能膨胀得这么圆。小小的年纪，成熟的表情，经历的事情不多，吃的粮倒是很丰富，稳重的外表下是一颗纯真的心。各种反差萌的结合体，就是孟大咖啦。

观复猫的江湖从双雄到三霸，大咖来了以后，现在的局面是四杰？然后分开两队，二黑和瓜瓜 vs 都督和大咖？铲屎官一度怀疑大咖这个站队是想把局面搞得更乱，越是势均力敌，铲屎官越是蒙圈。但没想到孟大咖脾气好有目共睹，就算有猫挑事他也不太在意，像之前被南瓜当成二黑被堵截这种事说出来没面子，但也没怎么影响大咖的心情。见猫打招呼，见人示友好，咖咖长了一张霸气的脸，但其实揣着一颗软萌的心。

名字叫“咖”，C 位出道，瞬间坐稳，并以几何倍数吸粉，估计剩下的就是安心长肉了！

小柴君说

第一次见到大咖时，我正坐在观复博物馆的休息室里，透过落地的玻璃窗看到院子里

大咖厚重肥大的身影，我打趣地跟身边的观复博物馆小伙伴说：这只猫肥硕的身材，看起来比我在韩国时室友养的巴哥都大。

为了表现出大咖“肥头大耳”的特点，这幅画的侧重点便在于刻画大咖的毛发。我先用黑色彩铅把大咖的毛发纹路画出来，再涂上棕色和褐色，耳朵则是先用淡粉色铺底色，再用棕色一根根地刻画毛发。

韩昏晓

韩昏晓

日月星辰黄昏拂晓

马霸霸说

《非非诗·韩昏晓》
造化钟神秀阴阳割昏晓
慢慢地走来轻手轻脚
日子每天都差不多吧
日月星辰黄昏拂晓

铲屎官说

韩昏晓是个特别好的猫，每天积极吃饭，乖乖睡觉，不吵不闹，也没见跟谁结梁子。见到铲屎官会礼貌性地抬头“喵”一声，见到来参观的客人也不介意被揉揉脑袋，也从来不存在看见穿工服的就跑的情况。好多客人都被昏晓的翻肚皮式示好迎接过，但是只允许

彩铅　韩昏晓

近距离观看，不给摸的哈！

昏晓真是个努力的娃，吃饭很认真，每次都能吃到最后，然后顺便“洗碗”，吃饱了干活也超认真。让金胖胖等橘猫感叹的是昏晓每顿加餐都不耽误，但又能兼顾做一个灵活的猫，给个逗猫棒就能翩翩起舞。

昏晓宝宝不羞涩，但也不是活泼型的猫豆。挑个风水宝地一守就是好久，不知道她是在看来来往往的客人，还是在看院子里每日都有所不同的景色。守着猫别墅大门是常态，蹲在那里放空自己对于昏晓来说是种享受。非常好奇喵星人发呆的时候都在想什么，或许就是因为蓝星人猜不透，所以才会对喵星人另眼相看吧。

小柴君说

昏晓的名字取自唐代大诗人杜甫的名篇《望岳》：“造化钟神秀，阴阳割昏晓”。为了表现出昏晓“阴阳脸”的特点，我选取了昏晓的正脸照作为参考。

深色部分先用黑色马克笔涂底色，再用黑色彩铅深入刻画。黄色部分则是轻轻地用黄色彩铅涂画，甚至有的地方会有些许留白。这样一侧色彩匀称，一侧透气清淡，便形成了鲜明的对比。

花飞飞

花飞飞

本猫是秘书长，请多关照！

马霸霸说

《非非诗·花飞飞》
董事长的转世灵童
人小鬼大预知未来
你万万不可以小看我呦
还有上下铺左右桌甚至后排

铲屎官说

还记得奶里奶气的花飞飞升职标准照吗？想起升职大典那天，飞飞正式当上观复猫秘书长，骄傲到胸都挤出来了，妥妥的事业线！希望飞飞当了官之后常出来接待客人，别老和弟弟往办公室跑，就知道互相舔毛秀恩爱。不过这年头，兄弟情的糖大家都买账。

彩铅　花飞飞

飞飞是铲屎官看着长大的，从小不点儿变成大海参，着实让铲屎官感叹这几年的猫粮不白喂，也算是喂出了成果。马霸霸看重飞飞，总是给些出镜的机会，让他多圈粉。飞飞也很给力，从小就顶着一张成熟稳重的脸，一副能当大任的样子。马霸霸录节目时，上来走个稳稳的“猫步”；新书签售会时，陪马霸霸一起给读者签名。这可都是“大场面”呢，飞飞却一点儿都不怯场。

小朋友有时候还是会任性的，比如找马霸霸撒个娇求关注，欺负一下食物链底层的麻条条前辈，剪指甲梳毛的时候不吵不闹就装委屈……铲屎官也是看够了。但是，飞飞从来不跟猫滚起来打架，算是从小就有馆长的风范气度。飞飞一边努力表现秘书长的沉稳大气，一边经常忍不住和铲屎官卖萌，虽然显得有些纠结，但很明显飞飞一直在当好秘书长的路上不懈努力。

大家都从心里希望他能越来越像花肥肥理事长，从这一点上说飞飞应该算是奉旨长肉、公款加餐吧！想法归想法，为了咪子们的健康，现在都是科学喂养，可是天生“稳重”的飞飞，愣是把自己从小鲜肉养成了大抱枕。以前的飞飞，小脸尖下巴，带着一股书香门第家喵的正直、质朴的文化气息款款走来。现在的飞飞，双腮肥美，没有了童年的稚嫩，而是带着一股富人家喵的贵气，以及一种实实在在的厚重，一步一个脚印地走来。

小柴君说

作为观复猫元老花肥肥的“转世灵童”，飞飞来观复博物馆不久便被马霸霸破格提拔为秘书长。

虽然飞飞与肥肥长相接近，但还是有很多不同之处，比如脸型、神态。这幅画侧重刻

画了飞飞的花纹。刻画花纹不能太着急，要慢慢画，用力过猛会导致画面死板呆滞，不够自然。

牛魔王

牛魔王

跟猫相处，热情你就输了

马霸霸说

《非非诗·牛魔王》
我的身世来自遥远的南方
马霸霸以貌取名牛魔王
思路很窄毫无新意
我牛是真牛可一点都不魔王

铲屎官说

不知道观复猫天团有什么奇怪的气场，越是毛色深的猫豆，越不爱抛头露面，尤其是女孩子们。前有努力当小透明的学术馆长蓝毛毛，后有一心走中庸之道的李对称，牛魔王也是，名字霸气但并没计划着占山为王。有吃有喝有玩，还有铲屎官宠着，小牛牛觉得这

彩铅 牛魔王

些就足够啦！

牛魔王的长相带着点狂野，随便眯个眼睛就很有震慑力，以至于小姑娘总能在不经意间秒变大佬。当然，这名字还由于她的胖乎乎。来自广东的牛牛已经习惯了北方的冬天，毛都比以前长了，过得很惬意。连马霸霸都说牛魔王很牛，你们一定也同意！

牛牛不在乎职务排位这种虚名，她在乎的是铲屎官最直观的爱。猫是若即若离的，追着猫只会吓坏主子，然后被当作刁民得不到接见。但是猫又是好奇的，只要你安安静静，说不准它们会自己来蹭蹭。牛牛就从不隐藏自己的想法，想要交流就会主动走上前来求关注。和人相处的时候，不过分遮掩自己的期待，也不吝啬于表达自己的信任和爱，牛牛似乎给铲屎官们上了一课呢。

小柴君说

这幅肖像选取了牛魔王的俯拍照，仰起头的牛魔王用一双大眼睛看着镜头，十分有神。

为了表现出牛魔王的一身疙瘩肉，在画好黑色毛发后，再用白色彩铅和青色彩铅涂高光处，达到立体的效果。

黄枪枪

黄枪枪

女神是怎么练成的

马霸霸说

《非非诗·黄枪枪》
我是元老 三朝元老倚老卖老
雪里拖枪可是我是一杆黄枪
黄枪虽不是黑枪
我谁都看不上也真没辙

铲屎官说

故事是这样的。在猫的时间概念里，这已经是很久以前的事了。那时候她还小，外表看起来和漂亮这个词关系不大，过着流浪的生活，她羡慕别人都有家。终于有一天，有个叫“马霸霸”的人把她带走了，从此她有了家。在大家的陪伴下，她长大了，长成了所有

彩铅 黄枪枪

人都意想不到的美丽的样子，马霸霸也让更多人认识了她。她就是黄枪枪，这就是她从灰姑娘成为公主的故事。

时光流转，枪枪褪去了青涩和稚嫩，成为高傲的女王，长长的被毛就像优雅的披风。照理说枪大美人应该繁华阅尽看淡红尘了才是，但女神似乎永远有小公主的心。枪枪有的时候会毫无缘由地要赖皮，眼神里总是表露着：快看我！只能看我！我才是小公主！总之，枪枪要撒娇，要天真烂漫，要使小性子。喵星人就有这个优势，一旦从幼猫长成成猫，外貌变化就不再那么明显，休想从猫的脸上看出年纪来。

现在的枪枪虽说已经到了看淡名利的年纪，但作为资深美猫，对自己的容貌还是有执念的。枪枪每天都认真打理自己的外貌，永远都是漂漂亮亮的形象。她现在懒得计较年龄的事情，毕竟院子里跑着的大部分都是她眼中的“小屁孩”。枪枪霸气地告诉大家：叫“枪奶奶”都可以，只要后面补一句“大美枪”。

霸气女王的外表，可爱公主的内心，我们的黄枪枪永远3岁！！

小柴君说

黄枪枪作为观复猫的元老，本应是第一批绘制画像的，但由于在白纸上画出的效果不好，所以白猫的绘像任务推到了最后。

我一共画了三幅枪枪的肖像画，前两幅都以失败告终。

第一次画枪枪时，由于之前没画过白猫，经验不足，在白纸上摸索了半个月，大量的时间和精力都花在了涂背景上，但是效果并不好，所以未完成便中止了。

第二幅画依旧画在白纸上，选取了枪枪近期正脸照片作为参考，但绘制结束后效果奇

差，又一次失败了。

痛定思痛，第三次终于选对了纸张颜色，在灰纸上便可以很好地表现出白猫。这幅画也是我画的观复猫里第一只白猫。

杨家枪

杨家枪

观复鱼的最大天敌

马霸霸说

《非非诗·杨家枪》
舞如梨花风摆天下无敌手
宋史有载不是瞎编
进锐退速势险守如山
其实枪法创始是个女票

铲屎官说

杨家枪其猫，金瞳小V脸，白身黑尾巴。怎么看有这些硬件都是个上相的主，可杨家枪同学可能就是没有什么自我表现的天赋，更别提跟情圣似的熟读《演员的自我修养》了。每当杨家枪以标准坐姿出现，那架势就像是要拍身份证照片，看上去很端庄，眉毛胡

彩铅　杨家枪

子耳朵都露着，眼睛也瞪好了。难得有点儿稍微侧一些的角度，竟还能显出一丢丢文艺气质来。总之，大枪拍出来的照片妥妥地透着一股子证件照的味道，特别正派。

但实际上每个铲屎官见到杨家枪，都想忍不住问一句：“大枪，今天又做坏事了？”打猎捕鱼、找客人要吃食、翻垃圾桶……杨家枪能干的坏事可多了，然后一看见铲屎官就是一副正经蒙圈脸：“我不是，我没有，别瞎说。”被猫套路的铲屎官也是无语。

杨家枪先是以迷惑众人的老干部形象出道，后面转变为江湖上的冷面杀手，反差太大了。马霸霸给猫起名不仅好听，还自带预言效果。杨家枪的枪法怎么样，问问观复小院鱼池里养的金鱼就知道了。只要池子里出现鱼，就等于宣布杨家枪的狩猎时间到了。说起来观复铲屎官也是心大，居然把杨家枪秋天捞鱼的行为美其名曰“木兰秋狝”！

小柴君说

杨家枪跟黄枪枪一样，除了尾巴，一身白色。

杨家枪一双金黄色的大眼睛犹如一对铜铃。先用黄色马克笔铺了底色，再用彩铅深入刻画，画眼睛时一定要注意立体感的表现。

由于观复猫系列都是半身像，所以跟枪枪的画像一样，杨家枪的尾巴也未能入画。

谢鸳鸯

谢鸳鸯

拿的就是大女主剧本

马霸霸说

《非非诗·谢鸳鸯》
拖枪挂印说来在谱
文武双全什么都占
一眼珐琅一眼琥珀
说来也是个流浪妹子姓谢

铲屎官说

谢鸳鸯是一个挺随性的喵，“拖枪挂印”异色瞳，是猫谱中有记载的毛色，又有着自带网红气质的脸。这可是颜值在线的名猫啊，估计换了谁都能随性一把。但鸳鸯明显不是个靠颜值吃饭的主，在有过流浪生活的鸳鸯心中，大概有个放大加粗的“江湖”二字。现

彩铅　谢鸳鸯

在这种 24 小时有水有粮有玩具的生活，也没磨掉鸳鸯身上那种闯荡天地的活泼劲儿。

谢鸳鸯本来小名叫鸳鸯，不过偶然间在院子里碰见一位粉丝管鸳鸯叫“老谢”，铲屎官顿时觉得这称谓更适合她的江湖气场。所以叫着叫着，鸳鸯就成了老谢，这名字着实不怎么清爽。不过鸳鸯却不在意，依然随心所欲地过日子，不想理你时都不看你，想理你时马上给个亲昵的蹭蹭。

平时住在猫别墅的谢鸳鸯，慵懒地晒个太阳舔个毛，一副岁月静好的模样，行也端庄，坐也端庄，那做派优雅得不要不要的。但只要别墅一开门，鸳鸯肯定是风一样地蹿出去，第一个出门，最后一个回来。谢鸳鸯就是这么一个爱出门的活泼少女，仿佛浑身有用不完的精力，平日里遇到友善的客人，她会主动上前示好。鸳鸯总是这样无忧无虑，只要能出门玩耍，铲屎官们很少听到她的不满和抱怨。但鸳鸯不喜欢下雨的日子。一下雨，鸳鸯就会没精打采地趴在窗户边，看着外面湿漉漉的天空，期待着雨停放晴能出门去嗨的时刻。

谢鸳鸯还有文艺的一面，用马霸霸更文艺的赞美来说就是她“一眼珐琅，一眼琥珀”。真是脱离油腻的恬静闲适美啊！

小柴君说

马霸霸对谢鸳鸯的评价是“一眼珐琅，一眼琥珀”，她的标志和特点便是两颗美丽通透又色彩各异的眼睛，犹如星辰和大海。

鸳鸯的左眼为深邃的蓝色，犹如大海一般深不见底，又像蓝宝石般通透晶莹；右眼为明亮的黄色，好像一块晶莹剔透的黄翡翠，美丽动人。

这幅画的重点自然在于眼睛的刻画。先用黑色彩铅画瞳孔，再用蓝色和黄色彩铅分别

涂色，最后用白色彩铅绘制高光。

由于鸳鸯全身白色，我将背景涂成了粉色，与白色的毛发相映衬，再加上两颗宝石般明亮的眼睛，更显浪漫。

宋球球

宋球球

喜欢你才咬你

马霸霸说

《非非诗·宋球球》
鞭打绣球不是大姑娘抛
却是自古就有的名猫谱
和你好得不得了
冷不丁一口咬得好好疼

铲屎官说

宋球球毛色长得讲究，头顶一团黑色毛。身后拖着黑色尾，是猫谱上有载的“鞭打绣球”，但说到底还是黑白花的奶牛猫一个。美瞳全开加歪头杀，是球少爷装可爱的经典造型，纯情小少年的感觉一下子就出来了，让铲屎官一见就生出无边的爱怜之心。

彩铅　宋球球

球球一身疙瘩肉，战斗力颇高，大部分时间里都比较亲人。但球球也是观复猫里性格不太稳定的崽，不过也不是真的凶，就是下嘴没轻没重。观复猫史上多起铲屎官受伤案件都和宋球球脱不了干系，日常和球接触起来总得多加小心。困扰铲屎官的关于宋球球的两大谜团一直未解：1. 为什么喜欢人，还咬人？ 2. 为什么喜欢睡笼子？

宋球球是在谱名猫，本来可以各种显摆的，但是球少爷心情好或心情不好的时候都有可能咬你一口，结果就是被铲屎官拦在观复猫办公室里，出不了门啦。虽然球球不咬人的时候超级可爱，而且看着特别正经，不过了解他的人都不敢摸他。在这方面，马霸霸是最有经验的，如果球球跳上大腿，马霸霸一定老老实实地给他当爬架。

小柴君说

球球是一个很爱咬人的猫，因为咬过马霸霸而声名远扬。

我去观复博物馆时遇到球球三次，第一次见面时没有经验，被球球热情的态度所迷惑。就在我放松警惕的时候，他突然扑上来，要咬我，幸亏我手疾眼快，没有被咬到。从此我再见到球球时都小心翼翼，生怕被咬。

和小幺

和小幺

奶凶，还闷

马霸霸说

《非非诗·和小幺》
我的蓝眼睛迷人不迷人
小幺照理说是最后一个
可我不是也不姓和
我姓钮祜禄氏

铲屎官说

如果不熟悉和小幺，你会觉得他很高冷，按照粉丝的话说，就喜欢这种冷淡款的，重点这还是一个小哥哥。啊，幸福！但实际上小哥哥是个顶着美颜的小闷包，说好听点儿是靠脸过日子的贵族，其实就是个超级死宅党，从不出门为自己的粉丝数量而加油奋进。

彩铅　和小幺

贵族的脾气都不小，代表猫就是和小幺和大阿宝。不过阿宝是真凶，小幺是奶凶。小幺是观复猫天团里奶凶奶凶的代表，看见人巨凶，但实际上超怂。也许可能是总想展示一下傲人的小白牙吧，其实只要铲屎官气场足，小幺可以特别奶。

小幺还是个半大小伙儿的时候，多少能在会客区的黄花梨椅子上玩上一阵子。可随着个子越长越大，胆子倒没跟着长起来，于是和兄弟郑小墨一起当上了讨厌出门的御宅兄弟。但现在小墨眼见着能在院子里小范围活动了，小幺却还是那个猫办公室的常驻猫豆，坚定不动摇，缩在屋子里面超有安全感。算了，铲屎官也明白，冰山美颜小哥哥还是需要时间去慢慢融化的。

小柴君说

小幺在照片中眼神显得很凶，像个高冷的贵族。这幅画的刻画重点便是小幺蓝色的双眸。

但我没有过于用力刻画，就是为了让眼睛的蓝色显得通透又明亮。

左罗罗

左罗罗

纯真活泼小小少年

马霸霸说

《非非诗·左罗罗》

身量苗条体格矫健

出身名门浪迹天涯

好在遇见一匹骏马

驰骋街巷拔剑四顾

铲屎官说

左罗罗是个特别阳光的小猫咪，总像个没长大的孩子。可以放肆地吃，也可以快乐地跑，精力旺盛，不知疲倦，满眼都是无忧无虑的纯真。罗罗流浪的时候尾巴骨折过，没能得到及时治疗，以至于没能原样长好。罗罗似乎习惯了这样打不直的尾巴，整天甩着在院

彩铅 左罗罗

子里溜达，迷之带感。

罗罗有着淡蓝色的双眸，眼底好像藏了一片贝加尔湖的清澈。我们都会被最纯真的东西打动，就像和小罗罗在一起的那些时光，你会被他简单的快乐感染，仿佛自己也是这样无忧无虑的少年。少年小罗罗是调皮的，会躲在猫爬架的最高处做鬼脸，任凭怎么哄都不下来，不要剪指甲，不要擦眼睛。和罗罗相处起来很容易让人想起上学的日子，像班里的小男生，会调皮捣蛋，也会体贴入微，一不小心就是初恋的感觉，让人心里怦怦跳。

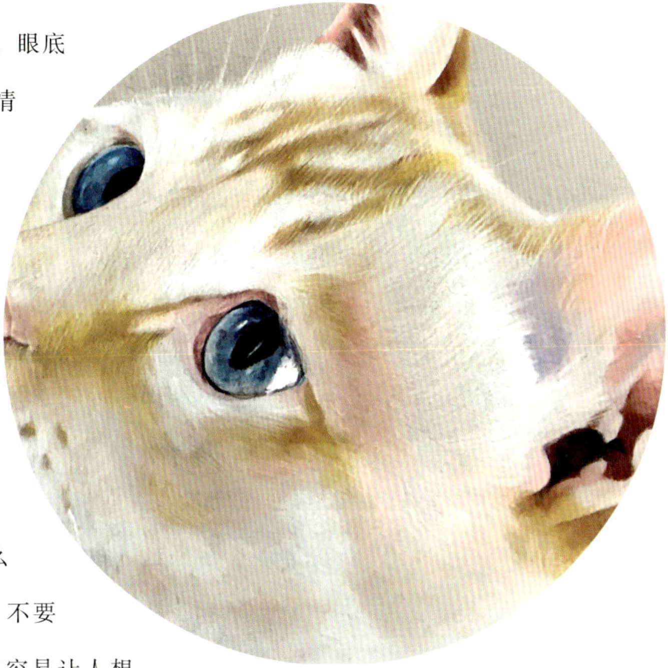

小罗罗还特别体贴，会关注身边朋友的情绪，安慰那些心情不佳的小猫咪。比如，陪太极聊聊天，给小花摸摸头，总是超暖心。看见逗猫棒就跳得老高，闻到吃的就特别想要，也会尽情地在麦垛里打滚，任性地在阳光下嬉闹……这就是左罗罗令人羡慕的小生活，简单并且随性。或许我们都想做这样无忧无虑的少年，想收获那份简简单单的快乐，就像左罗罗这样，永远年轻，永远无畏，永远心怀梦想，永远热泪盈眶。

小柴君说

罗罗的毛色很好看，灰白中带有一丝黄色，所以在刻画毛发时，一定要轻轻刻画，切忌用色过于浓烈。

程两两

程两两

空舔小王子

马霸霸说

《非非诗·程两两》
闭上眼睛世界就是童话
任你在金色天地中漫游
可总不能老闭着眼睛吧
睁开眼睛瞪大眼睛亮瞎眼睛

铲屎官说

程两两是观复猫卖萌担当，外号“空舔小王子”，凭借其又圆又扁的大脸和收不回去的小舌头而闻名。说是“卖萌”，但对两两来说并不是个高兴事儿。两两是异国短毛猫，脸圆而扁，鼻子凹陷，所以总是会流眼泪，容易患上角膜炎、结膜炎和鼻泪管堵塞症，需

彩铅 程两两

要铲屎官们耐心且及时地清洁。所以，我们呼吁不要刻意购买异国短毛猫，无节制地人工繁育其实对猫咪很不公平。

当然，相猫不能太肤浅，不能总看长相。观复猫个个身怀绝技，程两两也不例外。说实在的，两两能抓老鼠这事震惊了不少铲屎官，毕竟我们两两的扁脸让他吃饭都要洒一地。但凡猫粮碗边有洒出来的星星点点，不用想都知道这是程两两来过了。就是这样一只啃粮都要用专用斜口碗的猫，居然能解决鼠辈！

说起猫咪的狩猎行为，似乎是一种无法掩盖的本能。程两两虽然脸扁不方便直接咬住猎物，但是小爪还是相当敏捷。先一个生扑捕获猎物，然后伸出指甲钩住，再把猎物放到嘴边咬住。整套动作一气呵成，这可是苦练的成果。程两两总是在铲屎官办公室漫步，顺便寻找狩猎的目标。一旦发现了什么，他呆萌的气质便不复存在，转眼间就变成超“凶残”的猎手一枚，算是异短界的奇迹。

小柴君说

程两两是一个看起来憨厚老实，实际上却很淘气的猫。一张人畜无害的大饼脸下面，隐藏着一颗调皮的心。在 2020 年 1 月我去观复博物馆时，便看到两两在猫公馆里四处“偷

袭”别的猫。

两两的毛发呈淡黄色，而我画的时候对两两的毛色进行了艺术化的加工和处理。我先用淡红色和土黄色打底色，再用橘黄色涂毛发，最后用红色和褐色进行细节修饰。这样便使毛色变得更加浓艳，整体上更接近橘黄色。

岳家枪

岳家枪

再次证明马霸霸起名正确

马霸霸说

《非非诗·岳家枪》

岳飞发明举重若轻的岳家枪

气吞二仪四维六合八荒

黑夜白光一闪白天难躲黑枪

一击必杀绝不商量

铲屎官说

观复猫中从来就不缺少帅哥美女，岳家枪就是一只潜力股。岳家枪的毛色可遇而不可求，《百猫谱》中有所记载：全身白，尾纯黑，名曰雪里拖枪。

马霸霸给他起名时费了些心思：若是再叫“枪枪”，就和他们的前辈黄枪枪重名了，

彩铅　岳家枪

既是个男孩子，当然要取个英气一些的名字。于是马霸霸想到了南宋“中兴四将”之一岳飞，文武双全，一首《满江红》流传千古，一套岳家枪法打得金兵闻风丧胆。因此，小小的雪里拖枪猫就被马霸霸赐名“岳家枪”。

自古英雄出少年，岳家枪虽然年纪轻，心中却有广阔天地，走到哪儿都不怯场，随意穿行于观复博物馆各处，从不刻意亲近或疏远谁。也许是马霸霸起名的缘故，岳家枪逐渐长成了“约架枪”，热衷于和其他猫比试武艺，堪称观复猫天团约架爱好者。

不过岳家枪还是有几个玩得好的小朋友。岳家枪和牛魔王、花荣荣是要好的玩伴，他们差不多同时来到博物馆，相伴成长的情谊当然是最美好的。博物馆的猫有这样的名字真是合适，不禁让人联想若真是在宋金战乱年代，这几位就是上阵抗敌的小将军。文能提笔安天下，武能上马定乾坤。

小柴君说

除了黄枪枪、杨家枪，还有可爱的岳家枪。

岳家枪的画像没有选择正面照，为的是区别于杨家枪的肖像。

虽然岳家枪一身白毛，但在画中，阴影处一定要用灰色彩铅刻画出来，不然会显得过于平面，不够立体。

大阿宝

大阿宝

猫办总监和夜场小王子

马霸霸说

《非非诗 · 大阿宝》
我㞞我㞞我㞞我㞞我就是㞞
我怎么那么㞞谁都不明白
每个人都有童年
回忆满满也是不堪回首更是

铲屎官说

观复猫直播资深代言、深夜场小王子、猫办公室总监、现场不一定看得到但回家打开直播就是屏幕霸主的大阿宝……这一串特别灿烂的彩虹屁头衔来自大阿宝的粉丝群。大阿宝获得这一串头衔，其实就来源于一个字：“㞞”。

彩铅　大阿宝

大阿宝怕人是出了名的，观复猫队伍这么壮大，唯独他从没被梳过毛剪过指甲。不知道阿宝以前流浪时受过什么伤害，但凡有铲屎官进猫办，他就会趴在猫屋最顶层警惕地盯着看。只要和他有个眼神交流，秒变飞机耳。倘若再靠近一点点，哈你没商量。我们也不知道阿宝经历过什么，反正就是不喜欢两脚走路的人类。

但是呢，没有两脚怪近身的时候，阿宝美瞳一开，颜值全面上线，美到冒泡泡。阿宝平静时，偶尔投以你温柔的目光，和又尿又凶的日常判若两猫，一脸忧郁风各种吸粉，这就是传说中的靠脸吃饭、有颜任性吧。

铲屎官们也在努力让大阿宝一点点地相信他身边的蓝星人。“大阿宝感化计划”从他来的那天起就在进行，从未停歇。虽然这条路还很漫长，但铲屎官们希望能用爱打动大阿宝，让他重新相信人类的善意。

小柴君说

大阿宝脸上的黑色花纹颇具特色，好像一只展翅飞舞的黑蝴蝶。

阿宝虽然变得比之前温和了，但面对我这样的生人面孔，依然保持着警惕，所以我每次只能远远地看一看阿宝。

杜拉拉

杜拉拉

气质绝佳的美男子

马霸霸说

《非非诗·杜拉拉》
我没生气我也不胖我就是我
我怎么这么不幸福啊
天天上班下班吃饭睡觉起床
这搁谁心情能好，嗯？

铲屎官说

杜拉拉是个经常被误认成美少女的美少年，一身银灰色长毛非常衬托气质，自带的眼线让不少小女猫羡慕得不行。可是这位少年美则美矣，架不住他太“reserved”。拉拉的reserved，是一种薛定谔的reserved，你不向他伸手就无法判断他现在的状态，只有伸手之后，才能判定他这

彩铅　杜拉拉

会儿是夙还是不夙。

杜拉拉是那种表情里很有内容的宝宝，脸上永远带着点儿幽怨表情，任凭你去猜他的小脑袋瓜里装的是什么，他永远是一副不想说话的样子，就想默默地磨磨爪子，静静地放空自己，妥妥地靠脸吃饭。

像拉拉这种绝世美男子，高冷范儿是必须要有的，绝对做不出像王情圣、布能豹他们那种主动热情投怀送抱的行为。要想给拉拉拍大美照，铲屎官得好好哄哄，摄影师得勤劳抓拍。拉拉出大片的姿势一定是正襟危坐，重点是前爪要叠着放，眼睛平视，一派飘逸出尘不食人间烟火的样子。长得好看就是有优势！

小柴君说

杜拉拉的毛色我特别喜欢，尤其是在灰色纸上作画，效果奇佳。

莫小奈

莫小奈

一股文艺清流

马霸霸说

《非非诗·莫小奈》
莫奈不知道莫小奈
莫小奈没想到莫奈
只有观复猫都想到了
高级灰中的印象派

铲屎官说

莫小奈一身高级灰的毛色，像极了印象派的油画，就是因为这样，她拥有了一个优美而文艺的名字。小奈的文艺气质被众多铲屎官欣赏，由她来做观复博物馆油画馆的代言喵再合适不过了。在不同的光线下，小奈的毛色会有细微变化，不过你欣赏她的角度她并不关心。

彩铅　莫小奈

文艺可能和安静有些关联，即便是和其他猫玩耍时，小奈也是温柔的，偶尔还会放下所谓的偶像包袱在土里打个滚。没有反差哪有萌，小奈觉得做个让自己高兴的猫才身心愉悦！

刚来到观复博物馆的莫小奈，亲人友善，叫声超嗲，跟所有人和猫都玩得很好。但没多久，小奈就突然站不起来了，就医后发现她的第 5 — 7 节颈椎之间竟然没有空隙，原来小奈有先天性的颈椎问题。在经过艰难的打封闭针的治疗后，她奇迹般地恢复了，现在又能和大家一起愉快地玩耍了。

莫小奈花色特别，额头上有一抹黄色，因此得了一个别名“二郎神”。铲屎官都希望“二郎神”这个称呼不要成为文艺气质的小奈离家出走的开始，更希望小奈今后能健康成长，天天开心。

小柴君说

“莫小奈”取自印象派大画家莫奈的名字，因为莫小奈的毛色犹如一幅印象派的画作。

其实在莫小奈得到这个名字前，我就见过她。由于额头上有个白点，曾想给她取名为“二郎神”，奈何小奈是个小女生。博物馆的小伙伴们为给她取什么名字很是苦恼。

当博物馆公布她的名字时，我便准备开始为她画像了。小奈的肖像画也成了这个系列画中的最后一幅。

后来小奈开始为油画馆代言，而我的彩铅作品也恰巧在二楼的油画馆展出。这么说来，《依样画猫儿——观复猫彩铅画展》便是由莫小奈全权负责和管理。

米麒麟

米麒麟

观复猫天团的团宠来啦

马霸霸说

《非非诗·米麒麟》

天降祥瑞是我

麒麟短尾要火

可静可动能文能武

我奶爸可是马都督

铲屎官说

麒麟是一种古代传说中的神兽，寓意吉祥。

米麒麟之所以叫米麒麟，是因为她是一只天生的短尾猫，长着别致的“麒麟尾”。

天生长有麒麟尾的猫非常少见，他们通常被认为是吉祥富贵的象征。马霸霸说把米麒麟

彩铅　米麒麟

留在博物馆里，既能让更多人认识麒麟猫，还能当博物馆的吉祥物，一举多得。

马霸霸宠爱麒麟，让资方大儿子马都督给麒麟当奶爸，因此粉丝一致给麒麟冠以“资方大孙女”的称号，听起来就“壕”。看上去文静秀气的小麒麟，却是个活泼好动的主儿，上能爬树，下能掉缸；动可大战逗猫棒，静能吓哭爬山虎，一看就心怀武侠梦想。面对闺女米麒麟飞檐走壁的武侠梦想，肉大身沉的马都督“灵活性”明显有点儿跟不上。

不过没关系，深受大家喜爱的小麒麟堪称集众家之所长——南瓜带着上桥，荣荣带着爬高，豹豹陪练武功技巧，猫主任还帮麒麟学习文物知识……妥妥的天团团宠，真好！

常年带猫豆的经验告诉铲屎官，就算麒麟是只三花，只带一点点橘色，要拍、要画也都得趁早，因为基因里带着“发福”的潜质，只希望以后小麒麟不要胖到被粉丝认不出来就好。

小柴君说

米麒麟来到博物馆时，观复猫彩铅画系列已经完成一年多了，她的肖像画本不会收录在这本书中。但说来很巧，刚好我去了一趟北京，在观复博物馆的院子里，米麒麟完全不认生，直接跑到我身边一直卖萌。她如此向我示好，我便不好意思不画她了。回到上海，我便利用工作之余，画完了这张彩铅画。

米麒麟的到来为观复猫的大家庭增添了青春与活力，分分钟成为大家的团宠。米麒麟的彩铅肖像虽然是此系列的完结篇，但观复猫的故事还在继续，观复猫的大家庭还在日益壮大。

黑包包

黑包包

永远的黑将军

马霸霸说

《非非诗 · 黑包包》
黑包包意为黑脸包公
刚直不阿路见不平一声吼
可惜啊可惜命运不济
和女人那些包包一点不搭界

铲屎官说

观复猫黑包包是个传奇。他自己来的观复博物馆，等于讨饭讨到门口，瘦小枯干，腿还有伤。博物馆收留他之后，他很争气地一天一个样，身体见壮，毛色见黑，最终长成矫健威风的样子，俨然大将军一般。

彩铅　黑包包

当铲屎官细看黑包包时，发现他一身黑色毛油光发亮，脖子和肚子两处长有白毛，居然是《猫谱》中难得一遇的“喉珠腹镜”，让马霸霸分外喜爱。包包看着威猛，实际上心地善良，黄黄的眼珠永远泛着坚定的目光，特别喜欢女神黄枪枪。他是那种外紧内松的猫馆长，最易与人沟通，上过大杂志的封面，与马霸霸配合得天衣无缝。

可惜世事无常，命运多舛的黑包包还是离开了我们，回到喵星，至今想起他来还让人唏叹。虽然在观复猫天团还未正式成立时包包就离开了，但第一代黑将军的威名至今不衰，令后辈猫馆长怀念崇敬。

小柴君说

黑包包是观复猫大家庭中第一只去了喵星的猫。同样是黑猫的画像，包包的特点是脖子下面有一簇白毛，眼神很坚定。

令狐曈

令狐瞳

女侠江湖再见

马霸霸说

《非非诗·令狐瞳》
江湖让有瞳成为无瞳
令狐练就了蔑视一切
爱谁谁什么功守道
在我眼中都是些小白鼠

铲屎官说

令狐瞳是在一间仓库里被救助的，当时她带着三个孩子，莹绿色的眼睛总是半眯着。我们没有见到她盛年时的快意恩仇，但在这样的眼神中也能想见她纵横江湖的曾经。哪有人见过什么真正的剑客，只有那些文学描述，“前尘往事如浮云，转瞬如烟散，唯愿伴君

彩铅　令狐瞳

看山河”。令狐瞳就是这样，她总是趴在一个地方看着远处，若有所思。所有人都觉着她面容冷峻，觉得她之前的生活有说不完的故事，但她总给你一个潇洒的背影，不问前尘，不求来世。

令狐瞳来馆后到医院进行体检，医生在检查了她的牙齿后认为她应该是一只高龄猫。由于年纪较大、常年流浪、缺乏营养又做过手术，令狐瞳的身体状况令人担忧。9个月来不断地往返于医院和博物馆，体检、化验、打针、吃药、复查……在坚持服药的情况下，病情出现了好转，却又是那么的短暂。

想来人生多羁绊，世事苦磨折。令狐瞳游走在博物馆院子里看人、看猫、看事，一言不发，不讨好谁也不招惹谁。她明白到处都是江湖，都要有规矩。终于有一天，令狐瞳平静地回到了喵星，回到了那片江湖，又可以继续轰轰烈烈地生活。我们不能忘记那位潇洒的女侠，那位三个孩子的妈妈，那个凝视远方的眼神、淡定的背影。令狐女侠，愿我们江湖再见！

小柴君说

令狐瞳是我没来得及亲眼见到的观复猫，与其他观复猫相比，她留下的照片也很少。她的长相和眼睛都十分有特点，画起来并不难。我着力在刻画她的眼神上，希望能画出她那与众不同的神韵。

杨玉环

杨玉环

回眸一笑百媚生

马霸霸说

《非非诗·杨玉环》
没了唐明皇就没了肥美白
今天唤作傻白甜
有了唐明皇才有了三花脸
还有梨园行的唱念做打

铲屎官说

观复猫杨玉环，三花大美女一枚，身材丰腴，雍容华贵，号称“贵妃”。想当年，杨玉环和金胖胖两个猫好到如胶似漆，宛如“在天愿作比翼鸟，在地愿为连理枝”的杨贵妃和唐明皇。被宠爱的贵妃娘娘做派本应娇贵得很，可环环的爱好却一点都不端庄，爱睡觉

彩铅　杨玉环

爱打滚爱守猫洞，被调侃为别墅猫洞的守门女将。

杨玉环一身长毛，让她看上去宛如一朵软软的棉花糖，但架不住娘娘一通翻滚之后，棉花糖也能变旧拖把。铲屎官们是不会放任贵妃娘娘沦落成扫地丫鬟的，及时梳毛、预防打结什么的是铲屎官的必修课，梳洗打扮环环的经验简直可以写一篇《论长毛猫的日常护理》论文。

如今，那些为贵妃娘娘做 SPA 的心酸，已经变成了难以忘怀的回忆。我们的唐风大美女杨玉环回喵星了，在那里继续演绎“回眸一笑百媚生，六宫粉黛无颜色”。环环在母星记得自己梳梳毛，贵妃的架子不能倒，得一直美下去呀！

小柴君说

我见过杨玉环两次，2018 年年初和夏天。我当时没有特别在意环环，只是觉得猫如

其名，宛如一个古代贵妇，优雅又高贵。这种安静的美女，远远望一下就可以了。环环去喵星时，我还没有为她画肖像。

不知道远在天国的环环是否看到了后来我为她画的肖像？

苏三三

苏三三

母爱感天动地

马霸霸说

《非非诗·苏三三》
苏三起解是出名戏
玉堂春落难逢夫
可惜我不是苏三我是苏三三
平生遇到好人观复猫猫

铲屎官说

她是一位母亲，有六个可爱的宝宝，她是苏三三。她的故事以愚人节为起点，在2016年4月1日，她带着宝宝来到观复博物馆，成为观复猫。原来这天除了被愚弄，也会发生如此暖心的事情，从此可以不再流浪，安稳地生活。

彩铅　苏三三

苏三三生活在博物馆，身边有她的六个宝宝，还有一群小伙伴，他们一起吃饭、休息、玩耍以及接待喜爱他们的客人。三三很温柔，不管是对自己的宝宝，还是对待铲屎官。初夏来临的时候，博物馆为她的五个宝贝举办了公益领养活动，猫宝宝们都有了温馨的新家。还记得三三最后一次给她的宝宝们喂奶、舔毛，让人感动不已。

铲屎官以为苏三三的辛劳结束，可以开始自己的新生活了，可惜事与愿违。再后来三三病了，她和病痛做着顽强的抗争。她很棒，每一位铲屎官过去看她的时候，她都会打招呼。最后三三离开了，这是喵星球对她的召唤，那里没有流浪，没有病痛。虽然在博物馆生活的时间并不长，但她给我们带来了感动、温暖和快乐，谢谢她。

小柴君说

我与观复猫相遇并产生缘分时，苏三三已经去了遥远的喵星。由于在博物馆的时间短，她留下的照片很少。这幅画像选择了三三回眸的一瞬，希望她能满意。

段花花

段花花

锦衣夜行翩翩公子

马霸霸说

《非非诗·段花花》
短尾巴花花腿长臀大
见人胆小羞涩曾经流浪
很可能原来有个温暖的家
没曾想哑巴说话铁树开花

铲屎官说

段花花是马霸霸在自己家小区捡回来的流浪猫。在观复猫天团里，这样的来历还真是份殊荣呢！花花的高颜值，自不用多说，否则也配不得如此大俗大雅的名字。自古爱惜花草的男子很多，周敦颐爱莲，陶渊明爱菊，杨万里则喜欢荷花，屈原的《离骚》中也多以

彩铅　段花花

花草禽鸟比兴。观复猫以“花”字为名，恰如其分。说起这个，也是马霸霸起名不走寻常路，观复猫中男孩子叫什么花花、拉拉，相反女孩子叫枪枪、魔王。

段花花有着干净的毛色，漂亮的湛绿色眼睛，大多数时候看起来很淡然，总是沉浸在自己的空间里，静观一切，一派谪仙风采。花花自有一套与众不同的为喵理论，一举一动流露着一种高贵，这种高贵来得自然。他从来不会像哪个毛孩子一样上蹿下跳，或因为一根逗猫棒撒欢似的乱跑。但可不要小瞧他的身手，跃至高处时很是敏捷轻盈。

马霸霸亲手捡来的翩翩公子，始终是怀念他的喵星，顺便带走了只属于他的“超然”。相信此刻的他正在一个能透进一缕阳光的地方若有所思，一切还和昨天一样。

小柴君说

第一次见到段花花是在2018年年初，那是我第一次去观复博物馆。当时在二楼的观

复猫公馆看到了花花。

隔着玻璃，花花“喵喵”地叫着，像是对我这种陌生面孔的欢迎。花花的眼睛是绿色的，很迷人。

当我画花花的肖像时，他已经去了遥远的喵星，在天国继续守护着观复博物馆。我见到他的第一面便成了最后一面，他的叫声真切地在我耳边回荡，脑海中浮现出花花透过玻璃凝视我的表情。

花肥肥

花肥肥

永远的观复猫

马霸霸说

《非非诗·花肥肥》
压轴出场就得有其分量
分量来自强大的气场
我来这里时一只猫都没有
我是花肥肥我是理事长

铲屎官说

花肥肥压轴出场！

2003 年的一个雨夜，正值盛年的花肥肥来到观复博物馆，一身黑虎斑，壮实的身材魁梧奇伟，碧绿色的眸子显得精神百倍，非常帅气的样子。花肥肥天生的沉稳气质、大方

彩铅　花肥肥

性格慢慢凸显，与其他后来的小猫们相处融洽。花肥肥、黄枪枪、麻条条、云朵朵、蓝毛毛，我们喜爱的猫馆长们，相信他们彼此之间也有属于他们的故事吧。

后来，花肥肥当仁不让地被任命为观复猫理事长。他每天在清晨的阳光里迎接上班的铲屎官们，热情地接待来馆参观的游客，给我们带来了很多快乐。在博物馆生活的十四年时间里，花肥肥的足迹踏遍了观复博物馆的每一个角落，可以说花肥肥见证了博物馆一草一木的变化。

2016年，观复猫花肥肥回到了喵星，留给我们的是和他在一起的全部回忆。蓝星人无法想象喵星的美好，但我们知道他会在另一个星球遥望我们，我们彼此祝福。花肥肥不会真的离开我们，就如凤凰涅槃一般，总有一天，他会回到我们身边。或许我们会以另外一种方式再见，那时又会有怎样的故事呢？

小柴君说

我没有见过花肥肥，为他画像前，我只能通过马霸霸和博物馆工作人员的文字和口述，了解他的性格和特点。

花肥肥的相貌真的很神气，他之于我更像是观复猫世界的遥远传说。

彩铅 《马都督礼佛图》

《马都督礼佛图》绘画过程小记

这幅画起初并不在观复猫的彩铅肖像之列，算是观复猫彩铅画系列的一个小小的“彩蛋”吧。

绘制这幅画时参考的照片源于一个偶然的瞬间。当时观复博物馆的摄影师正在为这尊佛像拍照，马都督突然跑了过来，依偎在佛像旁边，抬头仰望着佛像的面庞。摄影师快门一按，记录下了如此美妙的一瞬。

在画这幅画之前，我也利用彩铅表现过佛造像。中国古代的彩绘佛造像由于年代久远，主体往往会破损开裂，彩绘也随之脱落，变得斑驳灰暗。但彩铅由于色彩饱满，往往会把颜色画得愈加绚丽多彩。所以必须说明的是，这幅画中，佛造像的颜色远比实际的要丰富和绚烂，这种斑驳中充斥着浓烈色彩的效果，在现实中是不会出现的，可以算是一种艺术化的加工和创作吧。

1. 观摩《马都督礼佛图》照片，构思画面。

2. 用铅笔在纸上起线稿，把大体的轮廓描绘出来，然后用黑色墨汁将背景涂黑。

3. 开始刻画佛像。先用棕色和黑色彩铅笔刻画阴影，将大体的明暗关系表现出来，然后再填充其他颜色，并在涂色的过程中时刻注意调整画作的整体结构。

在佛像涂色的过程中，我加入了更多的青色和大红色，使得画面整体色彩饱满。最后在涂好的底色上刻画纹理，调整细节，一尊佛造像便跃然纸上。

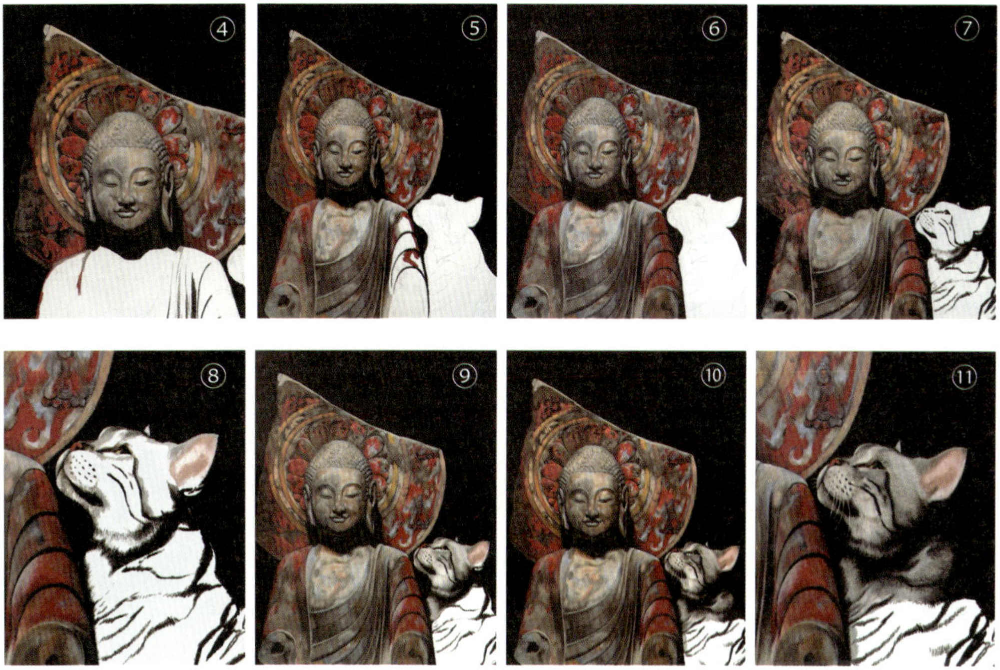

4. 画完佛像后，便是对马都督的刻画。

我画动物时往往会先画眼睛，所以先用黑色彩铅将都督的三角眼刻画出来，然后再将都督的黑色条纹画出来，最后就可以填充其他颜色了。先把眼睛涂成黄色，再画一个红鼻头和淡粉色的耳朵，然后是灰白色的毛发，接着用高光笔勾出都督的胡须，最后在黑色眼仁上点上高光亮点。

一幅《马都督礼佛图》便画好了。

小柴君与王情圣

后记

写这篇《后记》时，距离我为观复猫绘制第一幅肖像画已经过去了近三年的时间，生活的城市也从韩国首尔变成了中国上海，不禁感叹时光之飞逝。

从 2017 年中秋节后为麻条条画像开始，到 2019 年 6 月画完莫小奈的肖像为止，为观复猫画像的工作陪伴我从大学二年级一直走到大学毕业，这无疑是一种美妙的缘分。

2019 年夏天，我为观复猫画的这些肖像画，在观复博物馆举办了展览，名为《依样画猫儿——观复猫彩铅画展》。所谓“依样”，就是依照之意，观复猫的肖像皆是我参考真猫照片绘制而成，并非写生创作。最初为观复猫画像时，我仍在韩国读书，未能亲眼见到观复猫本尊。感谢照相技术与互联网，让我远隔千里，也能为观复猫画像。

照相技术的产生与发展不仅没有让写实绘画消亡，反而为写实绘画的创作提供了参考和资料。而且在用画笔慢慢刻画与描绘的过程中，会不经意间融入作画者的情感与思考，作品因而有了温度和气息，这大概是绘画之于我最美好的意义了。

由于为观复猫画像，我与马霸霸相识，与观复博物馆结缘。这缘分依旧在继续，观复猫的精彩故事也会继续上演！

是为后记。

庚子仲夏

写于上海中心大厦

觀復博物館
GUANFU MUSEUM

观复猫

理事长
花肥肥

常务理事
黄枪枪

秘书长
花飞飞

学术馆长
蓝毛毛

宣传馆长
马都督

安保副馆长
小二黑

馆员
岳家枪

馆员
布能豹

馆员
庄太极

馆员
黄小仙

馆员
程两两

馆员
韩昏晓

馆员
和小幺

馆员
苏二花

馆员
大阿宝

馆员
孟大咖

馆员
左罗罗

馆员
莫小奈

馆员
令狐瞳

馆员
段花花

馆员
杨玉环

花名册

男喵 女喵 去喵星

运营馆长
麻条条

接待馆长
金胖胖

营销馆长
云朵朵

纪检副馆长
戴南瓜

宣传副馆长
王情圣

馆员
李对称

馆员
花荣荣

馆员
谢鸳鸯

馆员
宋球球

馆员
郑小墨

馆员
杨家枪

馆员
苏格格

馆员
牛魔王

馆员
令狐花

馆员
杜拉拉

实习馆员
米麒麟

荣誉馆长
黑包包

馆员
苏三三

观复猫礼

长度：21 厘米

宽度：10.5 厘米

观复猫“风雅颂和”贴纸

观复猫倾情演绎风流雅士、红粉佳人，秀雅活泼，婉约可爱。

辅以各类家具陈设，古代盛世跃然纸上。

贴纸有“风、雅、颂、和”四款，可任意组合，创造出独特效果。

观复猫节气马克杯

史上最有文化的观复猫，
古风扮相完美演绎“二十四节气”。
神秘妩媚谢鸳鸯，温柔可人黄小仙。
日日饮水知冷暖，节气变化总相伴。

宽度：8.5 厘米（不含杯把）　高度：9 厘米

观复猫财神随手杯

观复猫财神随手杯，双层防烫设计，硅胶红盖，红运当头，一杯在手，随手暖心。

理事长花肥肥化身财神爷；蓝毛毛、麻条条各执“财神”“增福”帐扇，云朵朵手捧石榴、黄枪枪手执笏板，给您招财纳福。

喜从天降好运来，财源滚滚乐开怀。

高度：15 厘米

容量：280 毫升

观复猫十二色铅笔套装

观复猫穿越历史，钻进古画，带我们领略中国古代绘画的博大精深。

拿起彩色铅笔，为观复猫演绎的国宝级古画涂色吧！

可依样涂色，也可自由创作。

涂鸦赏古，其乐无穷。

外盒长：19 厘米　外盒宽：10.5 厘米

观复猫彩铅明信片

彩色铅笔描绘出的观复猫天团，依然惹人喜爱，值得细细欣赏。独乐乐不如众乐乐，寄张明信片与朋友一起分享观复猫的可爱吧！

彩铅明信片共两款，每款收录六张。

明信片：高度 15.4 厘米，宽度 10 厘米

外包装：高度 15.8 厘米，宽度 10.3 厘米